LETTRES
POUR
SERVIR DE SUITE
A L'ESSAI
SUR la Théorie du Somnambulisme Magnétique.

PAR M. T. D. M.

M. Tardy de Montravel
Le Vte de La Belinaye

LONDRES.

1787.

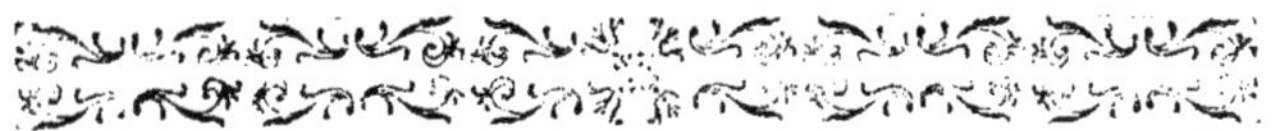

AVERTISSEMENT
DE L'AUTEUR.

LES Lettres ſuivantes ont été choiſies entre celles que je reçus directement ou indirectement lors de la publication de *l'Eſſai ſur la théorie du Somnambuliſme magnétique.* Je crois devoir aujourd'hui les joindre à cet ouvrage, parce qu'elles renferment les objections les plus fortes qui furent faites contre mon apperçu de théorie, & que les réponſes que j'y fis dans le temps, pourront ſervir à développer de plus en plus les idées que je n'avois préſentées d'abord que d'une manière bien préciſe.

Je penſe d'ailleurs que la connoiſſance de ces Lettres, en donnant une idée générale de quelques-unes des opinions qui exiſtoient alors parmi les Magnétiſeurs, eſt néceſſaire encore pour faciliter l'intelligence de certains paſſages du *journal de la Demoiselle N.*, & de celui de *Madame B.*, dans lesquelles j'ai répondu quelquefois à ces opinions, d'une manière qui a dû paroître obscure à ceux des Lecteurs qui ne les connoissoient pas, & même elle me sauvera les reproches qu'on auroit pu me faire d'avoir exagéré les faits extraordinaires que j'ai cités.

Je n'ajouterai aucunes réflexions nouvelles sur les faits, parce que je crois que tout ce que j'en ai dit depuis dans mes journaux, est plus que suffisant pour manifester la manière dont je pense sur toutes ces choses merveilleuses.

Mon intention ici n'étant que de mettre tous les Magnétiseurs de plus en plus à portée de juger ce que j'ai dit jusqu'à présent touchant le Magnétisme, je crois ne pouvoir mieux faire que de leur présenter, sous un seul point de vue, tout ce qu'on a pu me dire contre mes opinions. Mais aussi comme il n'est pas nécessaire pour cela que les Auteurs de ces Lettres soient connus, je ne les désignerai en aucune manière.

LETTRES
POUR
SERVIR DE SUITE
A L'ESSAI

Sur la Théorie du Somnambulisme Magnétique.

LETTRE

De M. le Comte de .... à M. L.....
le 25 janvier 1786.

Je vous demande bien pardon, Monsieur, d'avoir autant différé la réponse & les remercimens que je vous dois.

J'ai lu l'Essai sur la théorie du Somnambulisme magnétique. Quelqu'heureuse que soit l'explication donnée par l'Auteur des phénomènes qui l'ont frappé, quoique nous n'en ayons point d'imprimée jusqu'ici qui mérite qu'on la préfère à la sienne, je ne peux vous dire, sans mentir à ma conscience, que j'en suis pleinement satisfait.

D'abord, je tiens pour avérés les faits qu'il cite Non seulement il seroit absurde de supposer qu'un homme qui n'a rien à se promettre des foiblesses de la crédulité, eût voulu la surprendre par des fables; non seulement les irréprochables témoins dont il s'est entouré le mettroient à l'abri de tout soupçon de supercherie; mais, comme vous l'observez très-bien, ce que son Somnambule a fait, mille autres le font chaque jour dans nos traitemens.

Dira-t-on que le désir d'opérer des choses extraordinaires est souvent cause qu'un Magnétiseur s'abuse au point d'en voir qui n'existent pas; d'où il suit que la foi qu'il nous montre est uniquement l'ouvrage de l'illusion qu'il s'est faite. Je réponds à cela, qu'une pareille allégation est sans force, lorsqu'il s'agit de prédictions qui n'imposent que le soin de les bien constater, pour s'assurer ensuite si elles recevront ou non leur accomplissement.

Je sens que dans le nombre il en est de fautives: le malade tombe dans l'erreur, ou il mêle l'erreur à la vérité, selon que son état de somnambulisme est plus ou moins parfait ; mais il est aussi des prédictions qui s'accomplissent en tous points, sans que la volonté du Somnambule y puisse avoir contribué ; & celles-là sont plus que suffisantes pour convaincre l'homme le plus disposé au doute, s'il veut s'éclaircir de bonne foi.

Je n'examine donc point si les phénomènes dont il s'agit sont conformes à ce que nous connoissons des loix de la nature : je me permets seulement quelques observations sur la théorie qu'on emploie pour les expliquer.

La vie dépend de trois choses principales ; de la circulation du sang, de la respiration & des fonctions du cerveau. Par l'action du cœur, le sang artériel est poussé vers les canaux qu'il doit parcourir. Par la respiration, l'air se renouvelle à chaque instant dans le viscère qu'il rafraîchit & qu'il épure. Les fonctions du cerveau ne sont pas aussi bien connues que celles du cœur & du poumon ; mais en vérité, elle est bien raisonnable, l'opinion qui leur attribue la reproduction de ce fluide si subtile dont s'abreuvent nos nerfs, & qu'il faut absolument reconnoître en nous pour l'agent déterminatif du mouvement & du sentiment, puisque le mouvement & le sentiment n'ont plus lieu dans toute partie du corps dont les nerfs sont retranchés. Cet agent, on l'a nommé fluide vital, esprits animaux, archée, nature, &c. M. de T.

D. M. le nomme *feu élémentaire*. Qu'importe le nom, pourvu qu'on s'entende. Cependant, comme nous avons des notions aſſez diſtinctes du feu élémentaire, qui n'eſt pas tel au ſurplus quand nous le reſpirons, parce qu'il a néceſſairement obéi pour lors à la loi des affinités, & qu'il s'eſt combiné avec l'acide de l'air, pour former le fluide électrique ou le ſoufre, je vous avoue que j'ai de la peine à croire qu'il ſoit de la même nature que le fluide nerveux, lequel probablement ſe travaille, s'élabore dans le cerveau comme le chyle dans l'eſtomac : fluide qui joue le plus grand rôle dans l'organiſation animale, qui lie, ſi vous voulez, l'ame & le corps; mais qui, ſoumis aux influences du feu élémentaire ou fluide électrique, a des propriétés, une deſtination, qui ne permettent pas de les confondre l'un avec l'autre.

Eſt-il bien vrai qu'on puiſſe accélérer le courant du fluide univerſel, tel que M. T. D. M. le conçoit, s'en imprégner par ſurabondance, comme un corps qu'on iſole ſe ſurcharge d'électricité, & par conſéquent agir avec ſuccès ſur un être ſouffrant & foible qui en ſeroit dépourvu ? C'eſt ce que l'expérience vous démontre, ſans qu'à coup ſûr votre eſprit comprenne bien la loi qui préſide à cette opération.

On comprend moins encore comment l'action magnétique, continuée & favoriſée par quelques circonſtances, amène le Somnambuliſme : état pendant lequel les facultés intellectuelles acquièrent un ſi beau développement, qu'outre la connoiſſance exacte de ſa maladie, & celle des moyens de la guérir, le Somnambule exerce quelquefois, de manière à confondre la raiſon, le don de prophétiſer.

Ce don peut-il appartenir aux ſens ? Ce ſixième ſens prétendu, quoique doué de la ſenſibilité la plus exquiſe, quoique réuniſſant à lui ſeul les attributs & les fonctions des cinq autres, qu'a-t-il de commun avec la preſcience de l'avenir ? L'Auteur l'appelle *inſtinct* chez les animaux, & *conſcience* chez nous. L'inſtinct dirige l'animal, & le porte à la conſervation de ſon être. La conſcience dirige l'homme & détermine la moralité de ſes actions. L'inſtinct eſt le produit des ſens abandonnés à leur impulſion propre. La conſcience eſt un ſentiment que les organes ne forment point ; elle peut agir ſur eux en troublant le fluide des nerfs, & convertiſſant ainſi par un mécaniſme qui nous eſt inconnu la douleur morale en mal phyſique ; mais je n'apperçois pas comment la conſcience & l'inſtinct conduiront jamais à deviner les événemens de l'avenir, à fixer le jour, l'heure, la minute où ils arriveront.

Un homme calcule les révolutions politiques ; elles ont lieu plutôt ou plus tard : fort bien ; il n'eſt juſques-là qu'un homme de génie ; mais s'il m'annonce, par exemple, que le 3 janvier 1792, à cinq heures du matin, telle ou telle révolution s'accomplira, & que cette prédiction ſe vérifie à la lettre, je ſoutiendrai, j'aurai raiſon de ſoutenir, qu'elle avoit une toute autre baſe que le calcul & le raiſonnement.

M. T. D. M. a vu que ce n'étoit point aſſez de reconnoître dans la compoſition de l'homme l'eſprit & la matière, qu'il falloit convenir encore d'une ſubſtance qui, n'étant ni purement matière, ni purement eſprit, participât des deux, & fût le principe de leur mutuelle correſpondance. Cette idée, ſi chère à la ſociété, dont j'ai l'honneur d'être membre, eſt une des plus fécondes qu'on ait propoſées à l'eſprit humain. Pourquoi l'Auteur qui l'adopte n'a-t-il pas fait un pas de plus ?

De ce que le Somnambule découvre ce qui ſe paſſe en lui, il ne s'enſuit pas qu'il puiſſe annoncer l'époque préciſe de ſa guériſon, ni la manière dont elle s'effectuera, comme l'horloger qui a fait les pièces de ſon horloge aſſigne, après les avoir aſſemblées, la minute, la ſeconde, où les rouages auront achevé leur révolution.

1° L'horloger lui-même ſe tromperoit ſi les révolutions de ſes roues abſorboient un long eſpace de temps ; le froid condenſe les métaux, ſa chaleur les dilate. Il y a donc des variations forcément imprévues dans la machine la mieux exécutée.

2° Les organes de l'homme, bien autrement ſoumis que les métaux à la température de l'atmoſphère, éprouvent de plus des viciſſitudes inévitables occaſionnées par les alimens qui ſervent à ſa nutrition.

3° Quand le Somnambule verroit dans l'intérieur de ſon corps, auſſi bien que l'horloger dans l'intérieur de ſa montre, qu'en réſulteroit-il ? Il ne ſuffit pas de voir circuler le ſang & les humeurs, il faut être initié dans la connoiſſance des lois qui en déterminent la formation & le mouvement. Et quelle montre, bon Dieu, que le corps humain ! que de myſtères il renferme encore pour les ſavans qui l'ont le plus étudié ! Non, Monſieur, les Somnambules ne ſont pas de ſimples machines organiſées ; non, leurs pronoſtics ne ſont pas de ſimples effets de calcul & de raiſonnement.

La Demoiſelle N. . . . . n'écrit point, ne lit point, elle n'a pas les premières notions de la médecine, elle ignore juſqu'au nom des remèdes dont on lui propoſe le choix ; comment ſe fait-il pourtant qu'elle indique le ſeul qui ſoit capable de détruire le ver monſtrueux qui la dévore ? Eſt-ce là ſeulement de l'inſtinct ? Un chien, nous dit M. T. D. M. ſe trompe-t-il ſur la plante qui doit le ſoulager ? Mais ſon odorat le guide, & voilà un ſens très-ſûr d'après lequel l'inſtinct de l'animal agit, au lieu que le Somnambule a beau mettre en uſage la perſpicacité de ſon ſixième ſens, je défie qu'on apperçoive rien de matériel dans la déſignation d'un remède qu'il ne ſent pas, qu'il ne voit pas, qu'on lui nomme pour la première fois de ſa vie.

Des expériences ſubſéquentes apprendront à l'Auteur de la théorie du ſomnambuliſme, qu'il n'eſt pas néceſſaire de parler à l'eſtomac du Somnambule pour s'en faire entendre, qu'il n'eſt pas même néceſſaire de parler, & alors que devient ce ſixième ſens qui veille, tandis que l'engorgement du cerveau tient les cinq autres dans l'inaction ?

Faire exécuter à un Somnambule par la ſeule puiſſance de la volonté, tel mouvement qu'on voudra lui preſcrire, ou obtenir de lui une réponſe péremptoire ſur des objets qu'il n'a pas connus, ſont deux opérations en apparence identiques & diſſemblables. En effet, M. T. D. M. rend raiſon de la première avec une clarté précieuſe : il laiſſe ſur la ſeconde une grande obſcurité.

Mais moi qui me refuſe à ſon explication, en ai-je une beaucoup plus ſatisfaiſante à vous offrir ? Monſieur, entre deux hypothèſes également difficiles à concevoir, il faut toujours, je crois, ſe décider pour celle qui, une fois admiſe, procure au cœur plus de repos.

La matière eſt éternelle, où la matière fut créée. La création de la matière ne ſe comprend ſans doute guères mieux que l'éternité de ſon exiſtence. Je n'héſite cependant pas plus à adopter la prenière qu'à rejeter la ſeconde, parce que dès l'inſtant où j'ai ſuppoſé un être créateur; rien dans l'univers n'embarraſſe ma penſée.

De ce que la matière fut créée, je conclus que mon ame eſt immortelle. Qu'a-t-elle fait pendant mon enfance? Que fait-elle pendant mon ſommeil? Que fera-t-elle quand le délire de la fièvre m'agitera? Pourquoi, malgré ſa préſence, extravaguerois-je dans mes diſcours, à la moindre léſion des fibres de mon cerveau? Je n'en ſais rien; mai je conçois avec évidence, que cette ame agira ſelon ſa nature de pur eſprit, ſi par quelque moyen que ce puiſſe être, elle devient indépendante des organes matériels qui l'enveloppent.

Qu'eſt-ce, ſelon nous, que le Somnambuliſme? La mort du corps & la vie de l'ame. Le Somnambule magnétique dans ſa plus parfaite intégrité, jouiroit, par anticipation, du privilége d'exercer, ſans la groſſière intervention des ſens, les facultés de l'être immortel qu'il recèle. L'être compoſé d'elémens, l'être périſſable qui vous paroît s'acquitter encore de quelques fonctions, n'eſt plus qu'un mannequin, un inſtrument paſſif, comme la flûte, l'orgue, &c., qui ne doivent leurs ſons qu'au ſouffle extérieur qui les frappe, & l'harmonie de leurs ſons, qu'à l'intelligence du muſicien qui les anime.

M. T. D. M. va plus que jamais ſe récrier contre la doctrine de ces Magnétiſeurs ſpirituels, auxquels il expoſe à la fin de ſon livre, des doutes qu'on ſent bien qu'il n'a pas. Mais, Monſieur, quand il accorde à la matière le don de deviner, car, qu'il ne s'y trompe point, la plûpart des annonces de ſa Somnambule ſont de véritables divinations, & que je ſoutiens, moi, qu'un tel don appartient excluſivement à l'eſprit, laquelle des deux aſſertions, je vous prie, vous paroît mériter la préférence?

J'aurois déſiré qu'il eût conſtaté avec encore plus de ſoin, que les dépouilles du ver détruit par la graine de chanvre & l'écorce d'orange amère, étoient bien celles du ſolium ou ténia. Il ne s'eſt point aſſez arrêté, ce me ſemble, ſur les preuves, ſur les témoins de ce fait important. Il ſeroit très-heureux que le remède indiqué par la Somnambule ſuppléât celui que nous connoiſſons contre l'action trop énergique duquel vous ſavez qu'on ſe prémunit, en faiſant manger d'avance au malade une ſoupe au beurre, qui graiſſe les parois des inteſtins, & les ſauve des atteintes corroſives de la gomme gutte, claſſée à juſte titre parmi les poiſons actifs.

Telles ſont, Monſieur, les réflexions qui me ſont venues à la lecture d'un ouvrage très-eſtimable, parfaitement ordonné, purement écrit, qui ſuppoſe un grand nombre de connoiſſances, & ce qui vaut mieux encore, le déſir le plus ferme de les rendre utiles à l'humanité. Tout en me refuſant au ſyſtème de l'auteur, j'avoue bien franchement qu'on n'a rien imprimé ſur le Magnétiſme qui m'ait fait plus de plaiſir. Il étoit impoſſible, en reſtant au ſein de la matière, de tirer plus de parti de ſes lois, de les appliquer avec plus de ſuccès aux phénomènes dont il a voulu nous donner l'explication. Qu'il me pardonne de l'avoir trouvée dans une doctrine, jugée ridicule par ceux qui ne la connoiſſent pas, la ſeule où j'ai clairement appris comment l'homme déchu par ſa prévarication, peut, avec ſes propres forces, remonter à ſon primitif état de gloire & de ſplendeur.

RÉPONSE

A la Lettre précédente. A V. le 12 février 1786.

J'AUROIS bien désiré, M. le C. de pouvoir répondre, ou pour mieux dire, répliquer plutôt à l'intéressante lettre que vous m'avez fait l'honneur de m'écrire au sujet de l'essai sur la théorie du Somnambulisme magnétique; mais une santé chancelante, & plus encore la nécessité où j'étois d'avoir recours aux lumières de M. T. D. M., pour raisonner avec vous, d'une manière digne de vous & de lui, ne m'ont pas laissé maître de disposer du temps à mon gré. D'abord j'ai cherché à faire parler M. T. D. M., je l'ai écouté de mon mieux, ensuite j'ai écrit, quand j'ai pu, & comme je l'ai su; ayez donc pour ma lettre la même indulgence dont j'aurois besoin de la part de M. T. D. M., puisqu'en la lisant, vous n'entendrez que lui, permettez à présent que sans autre préambule j'entre en matière.

Sans nous appésantir sur aucun détail d'anatomie & de phisiologie, nous admettrons tout ce que vous pensez sur les trois principes essentiels de la vie, nous admettrons encore, ſi vous voulez, l'opinion de ceux qui prétendent que c'eſt dans le cerveau que ſe font les ſécrétions par leſquelles ſe réproduit le fluide nerveux, le fluide vital, les eſprits animaux, *&c.* Et encore, d'après vous, faut-il bien ſuppoſer une première cauſe phyſique à ce mouvement. De plus, ſi vous avez bien entendu M. T. D. M., vous avez dû voir qu'il ne confond point le feu élémentaire, avec le fluide nerveux; voyez à la page 2, du texte de ſon eſſai, vous y trouverez que le feu élémentaire *eſt le principe du mouvement* du fluide nerveux, & non pas ce fluide lui-même; & pour appliquer les termes de la génèſe dont il s'eſt ſervi, il entend que le fluide nerveux *eſt l'indigeſta moles*, mue par *le fiat lux*, au lieu que le feu élémentaire ſelon lui eſt *le fiat lux* tout ſeul.

M. T. D. M. a donc voulu dire ſeulement que le feu élémentaire donne au fluide nerveux plus matériel & combiné, le mouvement par lequel celui-ci porte aux nerfs leur nourriture. Il n'a jamais penſé que le fluide nerveux fût l'intermédiaire entre l'ame & le corps, & loin de les confondre, il a dit tout comme vous, que ce fluide eſt lui-même ſoumis aux impreſſions du feu élémentaire.

Lorſque M. T. D. M. a entrepris l'eſſai ſur

la théorie du Somnambulisme, il avoit eu devant les yeux une multitude de faits de deux espèces très-différentes entr'elles, du moins en apparence. Les uns étoient purement physiques & dépendans visiblement du mécanisme de l'instinct ; les autres paroissoient être des faits moraux dépendans de la volonté & des seules opérations de l'ame. La même Demoiselle N... qui lui avoit annoncé l'apparition de ses règles pour le 15 mai, à huit heures & demie du soir, lui avoit *prédit*, dans une autre occasion, que, le 10 juillet suivant, elle auroit une forte envie de monter à cheval, que ses parens lui en enverroient un de la campagne, mais que si on la laissoit aller, elle feroit en chemin une chute qui lui occasionneroit d'abord une perte, & ensuite une suppression avec des accidens mortels.

Voilà, entre beaucoup d'autres, une annonce physique & une prédiction morale, ou du moins qui paroît être telle, peut-être par le peu d'étendue de nos lumières, sur les vraies limites qui séparent le physique du moral. Ces deux annonces se sont effectuées à la lettre autant qu'elles pouvoient l'être.

Entre deux choses si différentes que pouvoit faire M. T. D. M.? il a jugé que les annonces physiques avoient une cause de même nature, & pouvoient être expliquées physiquement. C'est ce qu'il a tâché de faire, non point dans la vue ſtérile & vaine de former ou établir un ſyſtème, mais parce qu'il étoit perſuadé qu'ici, comme en chimie, ce ne ſera qu'en recherchant la cauſe des effets connus, qu'on parviendra à découvrir & produire des effets plus utiles; il n'a donc voulu conſidérer la machine que dans ſes opérations purement machinales. Et quant aux effets moraux dépendans des cauſes morales, M. T. D. M., perſuadé depuis long-temps, que l'homme dans ſon état préſent ne parviendroit que très-difficilement à les expliquer, n'a pas même ſongé à le faire, mais auſſi, convaincu que s'il eſt une clef qui puiſſe quelque jour ouvrir ce ſanctuaire, cette clef doit participer également du phyſique & du moral, il a ſeulement mis en avant cet intermédiaire ſous le nom *d'inſtinct phyſico-moral*, ou *d'expreſſion de la conſcience*, terme dont vous ne paroiſſez pas avoir ſaiſi le ſens, dans celui de l'auteur, puiſque vous vous contentez de le nommer ſimplement *conſcience.*

Reſte a préſent à ſavoir ſi l'Auteur s'eſt mépris, dans ce qu'il a regardé comme des faits purement phyſiques. L'horloger, dites-vous, devine lorſque partant de l'état actuel de ſa machine il annonce qu'un tel jour, & à telle heure, elle en ſera à tel point de ſa révolution,

& vous le prouvez, en disant que pour cela, l'horloger a dû nécessairement deviner quelles seroient, pendant cet intervalle, les variations de l'atmosphère & les influences de ces variations sur la machine. M. T. D. M. avoit dit tout comme vous, que si l'on cassoit une dent à l'une des roues de la machine, que si l'on tiroit un coup de pistolet à la malade, la veille de l'époque annoncée, le Somnambule, ainsi que l'horloger, seroient surement en défaut; mais que conclurez-vous de-là? Direz-vous que toutes choses égales d'ailleurs, & suivant le cours ordinaire, le Somnambule & l'horloger, n'avoient pas pu indiquer le point où en seroit leur machine à une époque déterminée, d'après l'état où ils le voyoient, dans le moment! Preuve de plus peut-être, que, comme nous le disions tout à l'heure, nos lumières sont encore trop bornées, pour assigner les limites qui séparent le physique du moral, & que les effets que nous regardons comme moraux, pourront n'être pour nos neveux plus éclairés, que des effets très-physiques.

Vous dites encore M. le C. qu'il ne suffit pas que le Somnambule voie circuler en lui le sang & les humeurs, qu'il faut encore qu'il connoisse les lois qui en déterminent la formation & le mouvement, mais l'instinct du chien qui lui fait choisir

choisir la plante du chiendent, lui a-t-il encore appris quelles sont les lois suivant lesquelles cette plante va le purger ? Par-là, M. T. D. M. ne prétend pas dire que le Somnambule soit une pure machine de la même nature que celle du chien ; il dit au contraire que dans l'homme l'instinct animal est accru de toutes les facultés morales, de-là, il a conclu *l'instinct anticipé* ou la pressen_tation. & de-là il auroit pu conclure encore *l'instinct rétrogradé* ou de réminiscence: au moyen du premier, l'instinct de sa malade a opéré sur l'avenir, comme il auroit pu le faire sur le moment présent, & au moyen de l'instinct de réminiscence, la malade a pu approprier à son état actuel, le souvenir des sensations qu'avoit pu lui faire éprouver la graine de chanvre. A ce sujet, Monsieur, vous n'avez pas pris garde que cette graine est bien connue en Dauphiné, & qu'on ne peut pas dire, comme vous l'avez dit, que la malade ignoroit, jusqu'au nom des remèdes dont on lui proposoit le choix, & qu'on lui nommoit, dites-vous, pour la première fois de sa vie; observez encore que cet instinct de réminiscence est précisément celui qui indique au malade le remède qui convient à son état présent, quoiqu'il n'ait pas ce remède actuellement sous les yeux.

M. T. D. M. n'a point dit qu'il soit *nécessaire*

de parler à l'eſtomac du Somnambule pour s'en faire entendre. Il a dit que le Somnambule entendoit ce qu'on lui diſoit au creux de l'eſtomac, quoiqu'aſſez bas pour n'être pas entendu de ſes oreilles, ce qui eſt bien différent, & il a ſi peu regardé comme *néceſſaire* de parler à l'eſtomac, qu'il a au contraire indiqué les moyens phyſiques par leſquels le Somnambule obéit à la ſeule volonté de ſon Magnétiſeur ; il n'a pas dit que le même Somnambule donneroit des réponſes péremptoires ſur des objets qui lui ſeroient parfaitement inconnus, parce que 1° la graine de chanvre n'étoit point dans ce cas, 2° parce que toutes les réponſes de ce genre que M. T. D. M. a obtenues par ſes expériences, lui paroiſſant juſqu'à préſent, ne tenir qu'à l'ordre moral, (du moins dans l'acception que nous donnons à ce mot) il ne les a point rapportées comme n'étant pas du ſujet dans les bornes duquel il vouloit ſe renfermer pour ce moment-ci. Tout-à-l'heure il le diſoit, il déſire que cette clef phyſico-morale ſoit mieux connue ; peut-être un jour pourra-t-il expoſer plus au long les idées qu'il a lui-même ſur ce ſujet. Mais juſque-là il a cru devoir s'en tenir au ſeul phyſique, & ne pas faire ce pas de plus que vous paroiſſez déſirer qu'il eût fait.

Vous avez ſans doute raiſon, M. le C., de choiſir entre deux hypothèſes également difficiles à concevoir, celle qui procure plus de repos au cœur ; mais en admettant la création de la matière, & un Dieu créateur, vérités de ſentiment plus encore que de raiſonnement, auxquelles je regarde comme impoſſible de ſe refuſer dans le fond de ſon cœur, s'enſuit-il que cette matière créée ne puiſſe pas, dans certaines circonſtances de ſituation, de combinaiſon, de mouvement ou de repos, non pas deviner ou prédire l'avenir, ce que jamais M. T. D. M. n'a prétendu attribuer à la matière, comme vous ſemblez l'avoir penſé contre ſon intention & le ſens de ſon ouvrage, mais développer dans l'ame, ou plutôt laiſſer en elle à découvert, des facultés dont elle ne paroît pas jouir ordinairement ; en un mot, lui laiſſer la liberté de produire par ſa réaction ſur la matière des effets ſurprenans, mais plus ou moins merveilleux, ſelon les degrès de perfection du Somnambuliſme, qui quelquefois ſont très-différens dans le même ſujet ; (ce qui paroît même prouver que la matière y entre pour beaucoup,) & ne pourroit-il pas ſe faire encore que ces prodiges ne nous étonnent ſi fort, que parce que nous ſommes bien loin de connoître & même de nous douter de la nature de notre ame, de toutes ſes facultés, & des propriétés innombrables de la matière dont il eſt à préſumer que la plus grande partie ſera toujours inacceſſible à la conception des hommes.

La mort du corps & la vie de l'ame dans le Somnambuliſme, ſont ſans doute des idées grandes & magnifiques; mais comment perſuader à l'homme qui ne dort pas, qu'un mannequin ſans reſſort ſe mouvera comme s'il en avoit, qu'une flûte caſſée rendra des ſons, & qu'une orgue briſée fera entendre des airs modulés au gré du muſicien qui tenteroit de l'animer : tout cela eſt-il plus concevable que la matière modifiée ou organiſée, de manière à laiſſer à l'ame le libre uſage d'une faculté qui paroît lui être eſſentielle, ainſi que M. T. D. M. eſpère de pouvoir un jour le prouver; en attendant, je ne trouve pas plus d'embarras dans l'une que dans l'autre de ces deux ſuppoſitions, ni moins de repos pour mon cœur. Laiſſons donc faire au temps, à des expériences, & des obſervations multipliées, & contentons-nous pour le préſent de voir le Somnambuliſme, ſans le comprendre; tâchons cependant d'en expliquer tout ce qui peut être à la portée de nos connoiſſances actuelles, & ſur-tout efforçons-nous de le produire toutes les fois que nous le pourrons, & que nous le jugerons utile & ſalutaire au Somnambule lui-même, & à ſes ſemblables.

M. T. D. M. ſenſible aux éloges que vous donnez à son ouvrage, & sur-tout à la justice que vous rendez à ses intentions, est bien convaincu que si quelque jour, les hommes peuvent découvrir les moyens de remonter à cet état primitif de gloire & de splendeur dont ils sont si malheureusement déchus, ils le devront sans doute aux lumières & aux recherches bienfaisantes du petit nombre de philosophes, amateurs de cette doctrine chère à votre société, & que M. T. D. M. est, ainsi que moi, bien éloigné de tourner en ridicule, comme font ceux qui ne la connoissent pas; mais en attendant cette heureuse révolution, M. T. D. M., sans prétendre rester au sein de la matière, a jugé qu'il pourroit être utile à l'humanité, de lui faciliter par des recherches simplement physiques, l'usage du petit nombre de facultés dont l'homme déchu est encore en possession.

Agréez M. le Comte l'hommage de mes sentimens, & l'assurance du respectueux attachement avec lequel j'ai l'honneur d'être, &c.

LETTRE

Écrite à M. T. D. M. de G... le 25 février 1786.

Vous ferez furpris, Monfieur, que n'ayant pas l'honneur de vous connoître, j'aie celui de vous écrire. Mais votre Effai fur la théorie du Somnambulifme, m'a caufé tant de plaifir, que je ne puis me refufer à la fatisfaction de vous le témoigner. Tous les Mefmériens font enchantés de cette ouvrage ; on y reconnoît, &c..... L'hiftoire de votre crifiaque eft des plus intéreffantes ; nous fouhaitons fort de voir la fuite de tout votre journal, on fait efpérer que vous le montrerez au public, il eft attendu avec un vif empreffement.

Il fe paffe ici, Monfieur, des chofes fort extraordinaires au fujet des Somnambules, mais dans un autre genre, & qui a beaucoup de rapport aux effets qu'opèrent Meffieurs de la fociété de...... qu'on appelle auffi fpiritualiftes ; vous paroiffez fouhaiter d'être inftruit des moyens qu'ils emploient. J'aurai l'honneur de vous faire part de ce que j'en ai appris d'un de ces Meffieurs, & de quelques-uns de mes amis qui font en relation avec eux. J'ose d'abord vous prier de ne point vous prévenir contre ce que j'aurai à vous dire, & de vouloir attendre d'être témoin vous-même de quelques-uns de ces faits pour en juger, si déjà vous ne les connoissez.

Le système de ces Messieurs est tout fondé sur la religion & la puissance du Créateur de tous les êtres, ils n'excluent point les causes ni les moyens physiques. Ces Messieurs reconnoissent comme nous un fluide universel : mais ils croient que ce fluide sorti immédiatement des mains du Créateur, (*fiat lux*) fut soumis à la volonté de l'homme, qu'on peut opérer tous les effets du Magnétisme par la seule volonté, que les signes & procédés ne servent qu'à fixer l'attention : ils pensent cependant que pour magnétiser de loin, il faut s'être mis en rapport. Du moins voilà le sentiment du plus grand nombre de ces Messieurs, ils demandent sur-tout des Magnétistes & des personnes magnétisées, une grande pureté de mœurs, de cœur & d'intention, une foi vive envers l'auteur de la nature, une volonté ferme & dirigée vers le bien. La prière est encore un de leurs moyens; ils élèvent leur esprit à Dieu avant de magnétiser, & invitent la personne qu'ils magnétisent à en agir de même. La guérison des maux n'est pour eux qu'un motif secondaire, ils ont sur-tout en vue le salut de l'ame qui s'opère souvent par ce moyen, ce qui vous paroîtra, Monſieur, sûrement bien étrange. Ce qu'il y a de sûr, c'eſt qu'avec des motifs auſſi relevés, ils opèrent des prodiges ; leurs Somnambules ſont de vrais phénomènes dans le genre ſpirituel. Lorſqu'elles ſont en criſe, elles paroiſſent élevées au-deſſus des ſens, dans un état de perfection inconcevable ; elles diſent, & voient des choſes ſi étonnantes, ſi merveilleuſes, que les plus incrédules, même en matière de religion, conviennent lorſqu'ils en ſont témoins, qu'elles paroiſſent inſpirées de Dieu, & que tout eſt marqué en elles au coin de la Divinité. On ne ſauroit accuſer ces Meſſieurs de crédulité ; la plûpart ont beaucoup d'eſprit & ſont fort inſtruits. Tout ce qu'ils ont vu leur a fait de ſi fortes impreſſions, qu'ils vivent aujourd'hui comme les Chrétiens de la première Egliſe. On ne manque pas de leur prêter des ridicules ; on les appelle *les illuminés.* Ils mépriſent les ſarcaſmes & les mauvais propos du public, & n'en donnent pas moins l'exemple des plus ſublimes vertus.

Ce Magnétiſme qu'on nomme ſpirituel étoit abſolument inconnu ici ; on agiſſoit à peu près au haſard, ſur-tout vis-à-vis des Somnambules. Le dernier ouvrage de M. de P.... n'avoit pas encore paru, & l'on n'avoit aucun principe à ce ſujet; Mademoiſelle B. . . . , dont peut-être vous aurez ouï parler, avoit depuis quelques mois des criſes magnétiques fort ſingulières. Un jour qu'il ſe trouva au traitement un Calviniſte, elle monta ſur le baquet avec la légéreté d'un écureuil, elle ſe mit à prêcher, & fit un diſcours d'un quart d'heure ſur la confeſſion, avec beaucoup de force & d'énergie. Cet à propos parut plaiſant, on en rit: elle continua, lorſqu'elle étoit en criſe, de prêcher ſur les vérités de la religion, elle avoit un air de Majeſté qui en impoſoit, & parloit de Dieu d'une manière ſublime. On lui faiſoit quelques fois des queſtions embarraſſantes ſur l'écriture ſainte, elle répondoit très-bien, & comme auroit pu faire un ſavant, verſé dans la langue hébraïque. Cela ſurprenoit d'autant plus, que cette demoiſelle que j'ai connue, étoit une fille ſimple, timide, bornée, élevée à la campagne, ſans avoir eu l'eſprit nullement cultivé; mais elle étoit très-vertueuſe, remplie de candeur & de piété. Dans toutes ſes criſes, il ſe paſſoit des choſes extraordinaires, dont une entr'autres, qu'elle avoit annoncée comme ne devant avoir aucun rapport à ſa ſanté; cette criſe fut de quarante-huit heures, elle ne put, durant ce temps, prendre aucun aliment ni boiſſon, elle étoit dans une eſpèce d'extaſe, comme dégagée de ſes ſens, elle parloit de Dieu comme un Ange, avec une énergie, une action qui pénétroit les cœurs. On vit des prodiges ; je vous en évite le détail, crainte, Monsieur, de mettre votre foi à une trop forte épreuve. M...., qu'elle paroissoit avoir eu vu uniquement dans ses exhortations, ne put résister à tout ce qu'il voyoit ; il fut si touché, que, d'incrédule qu'il étoit, il devint dès ce moment un enfant soumis de l'Eglise ; il convient avec tous ceux qui lui en parlent, du changement qui s'est opéré en lui. Plusieurs autres de ces Messieurs n'avoient pas attendu ce moment pour revenir à Dieu : fortement pénétrés de tout ce qui s'étoit déjà passé, ils avoient éprouvé une pareille révolution ; & tout ce qu'ils ont vu depuis, n'a servi qu'à les affermir dans le sentier de la foi & de la vérité qu'ils professent hautement.

Depuis cette époque, on a toujours vu ici des Somnambules du même genre que Mademoiselle B.... Lorsqu'elles sont hors de crise, il y en a qui se rappellent très-bien de tout ce qui leur est arrivé, d'autres qui n'en ont pas le moindre souvenir. Un Militaire de ma connoissance, magnétisoit une Demoiselle qui étoit dans ce dernier cas. Il lui demanda un jour, lorsqu'elle étoit en crise, s'il n'y avoit point de moyen pour qu'elle pût se rappeler de ce qui lui arrivoit, elle lui répondit, qu'il y en avoit un. Et quel est-il, Mademoiselle? C'est la prière; priez donc s'il vous plait à cette intention : elle le fit avec ferveur, & au sortir de crise, elle répéta mot pour mot tout ce qu'elle avoit dit, & tout ce qu'elle avoit vu. Un homme de qualité de cette ville étoit pour lors à la campagne, où il avoit une crisiaque, il lui fit la même question, il eut la même réponse, & la prière de la Somnambule eut un pareil succès, & d'autres Magnétistes ont fait semblable question, ce qui ne leur a point réussi.

Toutes ces crisiaques paroissent avoir un objet ou une mission à remplir : soit de ramener quelqu'un dans les voies du salut, ou quelqu'autres bonnes œuvres. Elles suivent & cherchent les moyens d'y réussir avec une ardeur dont rien ne peut les distraire, & si le succès n'y répond pas; cela nuit visiblement à leur santé. Bien des gens pensent que ce sont des esprits exaltés. Je l'ai cru de même. Mais l'esprit le plus exalté ne sauroit savoir ce qui se passe dans un endroit éloigné sans en être prévenu. Et nos Somnambules, au moment même qu'on leur parle, vous disent, ce que fait cette personne éloignée d'elles, & des choses dont il n'étoit pas possible qu'on eût pu les instruire. D'ailleurs elles donnent des signes évidens de leur mission. Dans la crise du 4 octobre de Mademoiselle B...., dont j'ai parlé, elle fit prier une Dame de mes amies de se rendre chez elle, & lui parla le plus fortement ſur des choſes eſſentielles, lui donnant d'excellens avis. Cette femme crut que tout cela n'étoit qu'un jeu joué. Mademoiſelle B..... qui ſembloit lire dans ſon ame, lui dit, Madame, vous ne croyez pas un mot de tout ce que j'ai l'honneur de vous dire: pour vous prouver que je n'agis point de moi-même, mettez, je vous prie, votre pouce ſur mon bras, & vous y verrez le ſigne de celui qui vous parle par moi. Il n'y avoit aucune trace ſur ſon bras; un inſtant après elle dit à cette Dame d'ôter ſon pouce, & l'on vit ſur le bras de Mademoiſelle B...., une croix bien marquée par deux traits rouges, au même endroit que cette femme avoit touché M....., & d'autres de ces Meſſieurs y étoient préſens: cette croix a reſté en pointe pluſieurs jours. La veille de cet événement, M. N.... avoit eu par lui un ſigne différent, mais de la même évidence.

Au reſte, tous ces Meſſieurs conviennent qu'il faut éviter, avec le plus grand ſoin, d'agir par des motifs humains, vis-à-vis des criſiaques, de ſe garder de leur faire des queſtions indiſcrètes ou même inutiles, & de ſimple curioſité; qu'alors elles ne vous répondent point, ou le font d'une manière contraire à la vérité. L'illuſion eſt fort à craindre. Bien plus, ſi les Magnétiſtes agiſſent avec des intentions peu droites, ou conduiſent mal leur Somnambule, elles paroiſſent alors réellement inſpirées par l'eſprit des ténèbres, elles ne profèrent que des menſonges & des calomnies, & débitent toutes ſortes d'indécences contre la foi. Il n'y en a pas eu ici d'exemple, mais nous ſavons de bonne part que cela eſt arrivé ailleurs.

Nous avons actuellement pluſieurs Somnambules dans le genre le plus parfait ; preſque tous les jours on vient me faire part de quelques traits merveilleux, mais tout ſe paſſe dans l'intérieur des familles, on ne le confie qu'à des perſonnes dont on connoît la façon de penſer.

Je ne ſais, Monſieur, ſi vous connoiſſez une nouvelle matière dont on ſe ſert pour le Magnétiſme. Le modèle en a été donné par un Officier général de la Province, qui venoit de Paris, & qui eſt un Magnétiſte très-zélé. Cette machine eſt une eſpèce de triangle de fer ou mieux d'acier, formée par trois baguelets, dont la pointe eſt aiguë. On les ſuſpend avec un cordeau de ſoie contre une glace ; ce triangle eſt adapté à une ou deux verges de fer ou d'acier, dont la pointe eſt auſſi aiguë, & qu'on appuye contre le creux de l'eſtomac de la perſonne qu'on magnétiſe. On trouve que cette machine fait plus d'effet que le baquet. Je l'ai eſſayé, je le trouve de même.

M. le Chevalier D.... qui eſt un homme de

beaucoup d'eſprit, de la ſociété de cette ville, eſt arrivé de Paris, il y a quelques jours; il y étoit depuis une année; il s'eſt trouvé à toutes les aſſemblées de la ſociété de M. M.... ; il dit que cette ſociété a toujours été fameuſe malgré la diſſolution de quelques-uns de ſes membres. Il y a huit Profeſſeurs qui donnent alternativement tous les trois mois un cours de Magnétiſme. Celui du P.... doit commencer le mois prochain, il ſera très-couru. Il y a quinze volumes ſur le Magnétiſme, dont trois ſont prêts, & dont il va ſe ſervir pour ſon cours. C'eſt le réſultat de tout ce qu'il y a appris de ſes criſiaques. Il en a à préſent nombre qui ſont des phénomènes les plus ſurprenans. Un entr'autres, qui, dans ſes criſes, corrige les défauts de chronologie de l'hiſtoire. Le P.... travaille auſſi à une hiſtoire du Magnétiſme en deux ou trois volumes, qu'il donnera au public. M. D.... a été témoin des faits les plus extraordinaires touchant les Somnambules; ils font la plus vive ſenſation dans les Sociétés de l'Harmonie & chez nombre de particuliers à ..... Ces criſiaques ſont preſque tous des hommes; ils donnent comme les nôtres dans le genre ſpirituel. Il y en a deux, ſur-tout vraiment ſublimes, bien au-deſſus de tout ce que nous avons. Juſqu'à préſent tout ce que nos Somnambules ont vu de merveilleux, n'a été ſenſible que pour elles. Mais ceux de ..... le rendent même visible à leur Magnétiste. On s'en occupe leplus fortement.

Je crains bien, Monsieur, que vous ne soyez bien fatigué de cette tant longue épître. Je suis enchanté de pouvoir vous assurer de la considération distinguée avec laquelle j'ai l'honneur d'être, &c.

RÉPONSE

A la Lettre précédente. A V. le 18 mars 1786.

Monsieur,

Je ſuis infiniment ſenſible à tout ce que vous voulez bien me dire d'honnête & d'obligeant dans la lettre que vous m'avez fait l'honneur de m'écrire; & je ſuis également reconnoiſſant des détails que vous avez la complaiſance de me donner ſur ce qui ſe paſſe chez quelques Somnambules que vous avez vus à .....

Il eſt certain, Monſieur, que tous ces faits ſont très-merveilleux. Je ſuis loin de les nier, cependant, & ſi je ne peux toujours croire ce que je n'ai pas vu, je ne ſais pas non plus nier ce que je ne conçois pas: Je déſirerois bien être à portée de voir de plus près quelques faits ſemblables à ceux que vous me communiquez. J'étois de bonne foi, lorſque je témoignois à Meſſieurs les Spiritualiſtes, mon empreſſement à connoitre leurs myſtères. Prévenu déjà, comme je le ſuis depuis long-temps, ſur le mérite perſonnel, l'eſprit &

& les talens de la plûpart de ceux qui sont désignés sous ce nom ; convaincu sur-tout de l'ardeur & de la pureté du zèle qui les anime ; il ne me manque en effet, pour être un de leurs partisans les plus zélés, comme je suis déjà leur admirateur, que d'être bien instruit par mes propres yeux.

Jusqu'à présent j'ai eu plusieurs Somnambules ; j'en ai vu dont la perspicacité étoit étonnante en quelque sorte ; mais aucun ne m'a présenté des phénomènes de l'espèce de ceux que vous avez la bonté de me rapporter : le temps pourra m'en fournir peut-être, & alors vous me verrez aussi ardent, aussi franc à publier ma conviction, que je l'ai été & que je le suis encore à exposer mes doutes.

LETTRE

De M. . . . . Médecin du Roi, Correſpondant de la Société royale de médecine de Paris, à M. T. D. M., du 25 janvier 1786.

Monsieur,

VOUS euſſiez pu intituler votre ouvrage, *Eſſai phyſico-métaphyſique ſur la théorie du Somnambuliſme, ſyſtème ſpecieux.*

Le Somnambuliſme, Monſieur, eſt une maladie *ſui generis*; comme il peut être un des ſymptômes du délire, c'eſt à proprement parler une électricité du genre nerveux, produite par une cauſe morale ou phyſique. Les affections merveilleuſes que les Somnambules éprouvent dans leur ſommeil, délireſcent ou naturel, ſont exactement les mêmes que celles des Somnambules que vous appelez Magnétiques, & ſouvent de la même cauſe, & tirent leur origine de ce ſixième ſens, auquel vous donnez le nom, dans l'homme, de *conſcience*, chez lequel il agit tantôt comme inſtinct phyſique & animal, & c'eſt ſa façon d'agir dans le Somnambulisme naturel ou symptomatique; tantôt comme instinct moral, & c'est ainsi qu'il agit dans le Magnétique, uniquement parce qu'il a été produit par une cause morale, métaphysique, non existante, supposée gratuitement ; si par fluide universel, par ame du monde, mouvement principe, on n'entend pas parler du feu élémentaire, ou fluide électrique, sur lequel le *fiat lux* imprima le mouvement.

Le Somnambulisme magnétique, Monsieur, n'est autre chose que le genre nerveux électrisé par une cause morale ; & ce gros fil d'or, d'un jaune brillant, & semé d'étincelles beaucoup plus brillantes encore, que votre Somnambule a cru voir sortir du haut de votre baguette, n'est exactement que le feu élémentaire lancé, qui circuloit dans ses nerfs : étincelles que nous appercevons souvent dans le sommeil ou dans l'obscurité, sans avoir employé aucun moyen magnétique, lorsque nos nerfs éprouvent un ébranlement subit, & souvent lorsque nous éternuons, ou que nous nous mouchons avec force, *&c. &c.*

Le Somnambulisme, tant le naturel & déliréscent, que le magnétique, n'est que le genre nerveux électrisé physiquement ou moralement ; c'est à lui que nous sommes redevables de la connoissance & du développement du sixième sens, & c'est à ce sixième sens que doivent être rapportées les affections qui tiennent du prodige que nous voyons naître du Somnambulifme, fans caufe magnétique ou morale, par un inftinct purement machinal.

Vous avez raifon, Monfieur, de dire que bien loin que la découverte du Magnétifme, qui n'eft rien moins que phyfique, ait fourni des armes au matérialifme, elle ferviroit de nouvelles preuves à la fpiritualité de l'ame, fi elle en avoit befoin, puifque le Magnétifme n'eft autre chofe que le moral agiffant fur le phyfique, en vraie électricité.

La monotonie des geftes exercés fur un individu fenfible & très-irritable, auxquels on attribue de grandes propriétés, par la faculté que l'on croit avoir de diriger par ces geftes le fluide univerfel, l'ame du monde, pourra exciter fur le genre nerveux de cet individu une certaine modification, qui en fufpendra jufqu'à un certain point les fenfations externes, tandis que les internes n'en deviendront que plus vives, comme il s'endormira aux fons monotones permanens d'un inftrument quelconque.

Si dans le Somnambulifme naturel, fi dans le délire d'une fièvre, on voit paroître des prodiges auffi merveilleux que ceux que l'on raconte du Somnambulifme magnétique, pourquoi, dans l'explication des prodiges de ce dernier, n'aura-t-on recours qu'à une modification d'un fluide animal, qui s'échappera d'un individu pour paffer dans un autre du même genre, par des filières analogues, tandis que dans l'explication de ces premiers, on ne sauroit y recourir ? Pourquoi admettre une cause différente dans une simultanéité d'effets, & ne pas les attribuer au délire magnétique, comme au délire fébrile, lorsqu'il y aura identité de cause, quoique l'une soit prise dans le physique & l'autre dans le moral ? Et si, suivant le système ingénieux du célèbre M. de Buffon sur les molécules organiques dans l'animal, chaque partie individuelle a ses filières correspondantes à celles d'un autre animal de la même espèce, pourquoi le fluide modifié dans un doigt que l'on promenera sur le corps de haut en bas, s'insinuera-t-il, avec une sorte d'intelligence, sur des parties disparates maladives pour y rétablir l'ordre, lorsque les filières de ce doigt ne leur seront pas correspondantes ?

Dans le système de M. de Buffon, pour qu'une partie de la nourriture à laquelle l'animal est assujetti, puisse être convertie en molécules organiques, il faut qu'elle ait souffert diverses préparations dans l'animal, & qu'elle s'y soit moulée. Eh ! quelle préparation le fluide universel, le feu élémentaire, inaltérable, pourroit-il y avoir souffert, pour être modifié de façon qu'il n'y ait que celui qui aura passé par un végétal qui puisse agir sur un autre végétal, ainsi que le prétendent les Magnétiseurs ? Pour cela il faudroit, ce me femble, le fuppofer inaltérable par effence, comme le font les alimens, autrement cette modification ne fera jamais, dans fa manière d'être, qu'un être métaphyfique, controuvé par les Magnétifeurs, pour n'être pas pris en défaut, & pour avoir toujours l'exception à côté de la règle ; s'il n'eft pas modifié & qu'il foit effentiellement inaltérable après avoir pénétré dans les corps, comme dans fon principe, pourquoi celui qui fortira de l'animal n'agira-t-il pas fur le végétal ? & s'il agit fur l'un comme fur l'autre indifféremment, ne guérira-t-il pas en fortant de l'animal les maladies végétales, comme les animales ? Une analogie de principe ne fauroit être altérée.

Dans l'hypothèfe même, Monfieur, d'une modification qui dans le fait ne pourroit qu'altérer le fluide univerfel, inaltérable par la feule étimologie du mot, par fa fluidité & fon impénétrabilité, je croirois que le fyftème de modification du fluide animal, établi pour expliquer les prodiges magnétiques, ne fauroit être admis par cela feul, qu'y ayant une difcordance de filières dans chaque partie individuelle de l'animal, le fluide du doigt ne devroit pouvoir paffer que dans celui d'un autre animal, & celui du bras que dans les bras, ainfi des autres parties, comme les molécules organiques mâles d'une partie ne pourront s'engrener avec les molécules organiques femelles d'une autre, que quand elles seront en correspondance, & conséquemment chaque partie ne devroit guérir que celle qui lui seroit analogue, mais jamais faire des cures dans des parties disparates par le seul attouchement, ou en promenant le doigt sur le corps de haut en bas. Le fluide universel peut bien, Monsieur, varier dans sa façon d'agir sur chaque individu, sans cesser de n'être qu'un dans sa manière d'être; mais la modification ne se trouvant que dans l'organe, le fluide est dans le végétal, ce qu'il est dans l'animal.

Dans l'hypothèse, encore que l'homme ait trouvé le moyen d'augmenter en lui l'intensité de ce fluide universel non modifié, mais encore sa vîtesse & son courant, & que ce fluide principe non modifié, puisse servir à sa conservation & à son entretien; comme le modifié qu'il insinuera dans le corps de son semblable, servira à ce dernier, & qu'il pourra en charger un arbre, qui à son tour pourra se transmettre à un animal quelconque, quoique modifié à sa façon, pourquoi l'animal ne le pourra-t-il pas transmettre à une plante, à une arbre, quand il sera modifié la sienne?

L'arbre de Buzancy a opéré, dit-on, des cures sans nombre sur des hommes: pourquoi ces hommes n'en opéroient-ils pas sur des plantes, ſur des arbres ? Eh bien ! vous qui croyez au Magnétiſme animal, guériſſez des végétaux, des arbres, comme on dit que ceux-ci ont guéri des hommes, & j'y croirai comme vous. Quoi ! douteriez-vous, après ce qui s'eſt paſſé à Buzancy, qu'un fluide émané d'un arbre qui aura vivifié des animaux, ceux-ci à leur tour ne puiſſent pas s'en ſervir pour animer des végétaux par une analogie de principe, ou plutôt que cette modification du fluide, dirigée par la foi & la volonté, *ſachez vouloir*, dit Monſieur M.... *croyez & voulez*, dit l'auteur des mémoires de Buzancy, deux puiſſances qui ne ſe trouvent que dans l'homme, ne ſoit une chimère controuvée par les Magnétiſeurs, pour n'être pas pris en défaut, quand ils n'auront à nous oppoſer que des cures animales.

Concluons de tout ce que nous venons de dire, que le fluide magnétique n'eſt autre choſe que le moral qui agit fortement ſur le phyſique.

J'ai l'honneur, *&c.*

RÉPONSE

De M. T. D. M. à la Lettre précédente.
A V.... le 30 janvier 1786.

Monsieur,

APPELONS mon *Essai*, tout comme il vous plaira ; j'y consens, pourvu cependant que vous me permettiez de ne pas lui donner le nom de *système spécieux*. C'est au public éclairé & impartial à décider d'un ouvrage, dont nous ne sommes, ni vous, ni moi, les Juges compétans. En proposant mes idées, je n'ai sûrement pas montré le dessein d'établir un système ; & si dans un système quelconque, je ne voyois rien que de spécieux, je ne l'adopterois pas, encore moins voudrois-je le proposer. Vous, Monsieur, vous êtes médecin ; & la faculté dont vous êtes membre, avoit proscrit mes idées long-temps avant que je les eusse formées. Laissant donc l'épithète de côté, nous appellerons mon Essai *physico-metaphysique*, & en effet ce mot composé me paroît rendre parfaitement le but que je m'étois proposé, celui d'asseoir le raisonnement ſur les faits, & de déduire une théorie d'expériences bien conſtatées.

A vous voir, Monſieur, définir auſſi bien mon ouvrage, je croyois d'abord que vous l'aviez lu avec la plus grande attention. Je ſerois flatté de pouvoir le croire encore; mais que puis-je en penſer? Lorſqu'à chaque ligne de votre lettre, je vois que ſi vous m'avez d'abord compris, vous n'avez pas tardé à laiſſer là mon opinion, pour me prêter les chimères que vous vouliez combattre; & que ne ſongeant plus *au phyſico*, vous n'avez plus voulu trouver chez moi que le *métaphyſique*.

Fortement préoccupé de l'idée que vous aviez puiſée dans le rapport de MM. vos confrères; perſuadé d'avance que ce qu'il faut établir, c'eſt que le Magnétiſme eſt une chimère, & que ſes effets ne ſont autres que ceux que produit le moral ſur le phyſique, vous avez voulu ramener tout à cette idée; & comme MM. vos confrères, vous avez travaillé votre lettre ſur la concluſion que vous étiez décidé d'avance à lui donner. C'eſt votre préjugé, Monſieur, & non pas mon opinion que vous avez combattu; & c'eſt pour cela que vous vous êtes vu forcé à des contradictions, à quelques altérations même qui vous devenoient néceſſaires.

Tout ce que vous dites, Monſieur, du Somnambulisme, maladie *sui generis*, & qu'il vous plait de partager en trois espèces différentes, m'a paru infiniment intéressant, en ce que l'esprit rempli sans doute des principes que j'avois avancés, & des causes que j'avois supposées moi-même à cette maladie, vous dites presque mot pour mot, tout ce que j'avois dit. Vous avez attention seulement de ne l'appliquer qu'aux deux genres de Somnambulisme que vous adoptez ; & ne voulant pas me laisser pour le mien la même ressource, vous prenez le parti de définir celui-ci, & même de me le faire définir à moi-même, tout autrement que je ne l'ai fait.

Je n'ai dit nulle part que le Somnambulisme magnétique étoit produit par une cause morale, tandis que le Somnambulisme donné par la nature a une cause physique; je n'ai jamais dit que dans celui-ci, le sens intérieur agit comme instinct physique, & que, dans le premier, il agit comme instinct moral; & je n'ai pas conclu de-là, que c'est que celui-ci est produit uniquement par une cause morale.

Je croyois d'abord, Monsieur, qu'en établissant toutes ces distinctions, vous avanciez simplement votre opinion, & elle ne m'étonnoit pas, une fois votre conclusion préméditée; mais comme ensuite vous adoptez le Somnambulisme à cause physique, & que vous ne me laissez que le

Somnambulisme à cause morale, votre méprise n'a pu me paroître équivoque, d'autant que je n'ai jamais reconnu qu'une sorte de Somnambulisme, donné par l'art & quelquefois par la nature, mais provenant immédiatement dans les deux cas, d'une cause toujours physique.

A ce sujet, Monsieur, avez-vous lu ma note huitième? Avez-vous remarqué que l'objet de cette note, est en partie de faire voir que le Somnambulisme que nous appelons Magnétique, parce qu'il est l'effet de l'art dans le Magnétisme, a été produit quelquefois, & peut être produit dans certaines maladies par la seule nature: Avez-vous fait attention que je n'ai nullement séparé ces deux états *identiques*, & que j'ai attribué à tous les deux la *même* cause physique.

Ne me faites dire, Monsieur, que ce que j'ai dit réellement, & rappelons ce que vous dites vous-même; nous nous trouverons d'accord.

Vous dites que le Somnambulisme, celui du moins que vous adoptez, est une vraie électricité du genre nerveux, laquelle développe dans l'homme un sixième sens.

J'ai dit que le Somnambulisme Magnétique est une maladie provenante de la turgidité, de l'extrême irritabilité des nerfs satures de feu élémentaire. J'ai dit que cet état nous manifeste clairement dans l'homme un sixième sens. Je n'ai pas dit, comme vous le ſuppoſez, Monſieur, que ce ſixième ſens agit dans l'homme ſeulement comme inſtinct moral, comme conſcience ; mais j'ai dit qu'il eſt dans l'homme, l'inſtinct phyſique & machinal des animaux joint à l'inſtinct moral ; qu'il eſt l'expreſſion de la conſcience. J'ai dit ailleurs que l'homme, dans l'état de Somnambuliſme Magnétique, jouit pleinement comme les autres animaux, de toute l'étendue de l'inſtinct phyſique, accru encore de toutes ſes facultés n orales.

Pourquoi donc, Monſieur, me faire dire que le ſixième ſens agit tantôt comme inſtinct moral dans le Somnambule magnétique, tantôt comme inſtinct phyſique dans le Somnambule de la nature ? Je vous le répète, liſez ma note huitième : je n'ai jamais prétendu ſéparer ces deux états. Je leur ai donné à tous deux la même cauſe naturelle ou factice, mais toujours phyſique, & les mêmes effets.

Concluons donc, Monſieur, & tous les deux enſemble, que le Somnambuliſme eſt une maladie produite par l'extrême irritation des nerfs raſſaſiés de feu : c'eſt ainſi que j'entends votre mot *électricité*, du nom générique ; car vous n'avez pas de raiſons d'affirmer que le feu qui nous anime, ſoit le même que ce feu compoſé que nous avons nommé électrique.

Convenons qu'en cet état, il se développe dans l'homme un sixième sens, qui est, non pas tantôt, mais toujours l'instinct physique & machinal, joint à l'instinct moral, qui ne quitte pas plus l'homme que son ame.

Convenons ensuite que ce même Somnambulisme peut être produit par la nature, & qu'il peut être donné par l'art. Vous ne le nierez pas, Monsieur, car vous savez bien que toutes les fois que la Médecine ne contrarie pas la nature, son chef d'œuvre est de l'imiter, de l'aider. Vous savez bien que quoique la nature seule & livrée à ses propres forces, puisse quelquefois procurer au malade des évacuations salutaires, il ne s'ensuit pas pour cela que la manne soit un purgatif, & que ce purgatif ne soit quelquefois nécessaire, pour aider à la nature, trop foible par elle-même, pour se procurer les évacuations.

Eh bien! Monsieur, cette imitation du Somnambulisme de la nature, c'est le Somnambulisme magnétique: les moyens que l'art emploie poru le produire, sont ceux qui peuvent augmenter dans le malade, la vîtesse & l'intensité de ce feu moteur que vous y reconnoissez, tout comme il y a des moyens d'établir dans une barre de fer, un courant de fluide magnétique minéral.

Convenons enfin, que s'il existe un moyen

de procurer à un grand nombre de malades, ce Somnambulisme éclairé & salutaire, que la nature avoit donné aux malades de M. Mallouin, qu'elle a donné à la malade de M. de Sauvages (année) à la malade de M. le Docteur V. ...., & à tant d'autres sans doute, convenons, dis-je, que ce moyen, quel qu'il soit, est le plus beau présent qu'on ait pu faire à l'humanité, & qu'il ne peut avoir été proscrit que par ce même esprit de corps, qui déjà avoit lancé anathème contre la circulation du sang, contre l'usage du quina, de l'émétique, & contre l'inoculation.

La comparaison du fluide avec les molécules organiques de M. de Buffon, n'est pas faisable; vous rappelez le *fiat lux*, par lequel j'ai exprimé le fluide: mais, Monsieur, vous n'avez pas pris garde que les molécules organiques sont *l'indigesta moles*, animée par le *fiat lux*; ce qui est bien différent du *fiat lux* seul.

Vous confondez encore l'altération d'un fluide avec sa modification; & il n'auroit pas fallu les confondre, parce qu'un fluide peut être modifié sans être altéré. L'eau, par exemple, ne souffre aucune altération dans son principe, pour couler dans des canaux quelconques. Cependant elle sort d'une manière bien différente, d'un tuyau rond, d'un tuyau triangulaire, ou d'un tuyau quarré.

L'arbre de Buzancy, & tout autre arbre magnétifé, agiffent dans le Magnétifme, & cela, fans y mettre à coup fûr aucune moralité. Ces arbres agiffent non point par la manière dont ils ont modifié le fluide univerfel ; mais comme étant des réfervoirs, dans lefquels l'homme trouve à fe charger plus abondamment de ce fluide, & defquels il le reçoit par la voie de circulation; non point à caufe de la modification que le fluide a éprouvé en paffant par les filières de l'arbre, mais à caufe de cette analogie de principe, que j'ai dit, & que je crois tout comme vous, Monfieur, être inaltérable.

Réciproquement, & au moyen de cette même analogie de principe, l'homme, par une manipulation foutenue, pourra, comme je l'ai dit, appeler le fluide univerfel, & lui donner un courant plus actif dans les filières d'un végétal. Auffi fuis-je convaincu qu'il pourra par ce moyen, guérir les maladies du végétal. Je ne l'ai point effayé, je fouhaite que quelqu'autre en faffe l'expérience, ou peut-être la ferai-je moi-même quelque jour. J'y ferois d'autant plus porté, que vous nous donnez l'efpérance de vous ramener par-là à notre opinion.

Vous croirez alors comme nous, dites-vous, je le défirerois fincèrement. Mais, Monfieur, permettez-moi de n'ofer m'en flatter. Meffieurs les

les Médecins n'ont pas le défaut que vous reprochez aux partiſans du Magnétiſme ; celui de garder toujours l'exception à côté de la règle. Ils donnent dans l'excès contraire , & juſqu'à préſent je ne leur connois que deux réponſes conſtantes à tous les faits qu'on leur a cités : *l'imagination, la nature.* Si je guériſſois un végétal, je crois bien que vous ne diriez pas , l'imagination ; mais ne feriez - vous pas bien tenté de dire : *c'eſt la nature* ; & le végétal vous déſabuſeroit-il ?

Je conclurai , Monſieur , comme vous , par l'idée que j'avois en débutant. J'aurois pu me diſpenſer de répondre à la plus grande partie de vos objections, parce qu'elles ne portent point ſur ma théorie , & qu'au contraire elles la confirment. J'aurois pu me contenter de vous oppoſer quelquefois à vous-même , mais j'aurois été bien fâché de ne pas ſaiſir cette occaſion de m'entretenir avec vous, & de vous prouver l'eſtime & la véritable confiance , dont , Magnétiſme à part, je ſuis pénétré pour vous.

C'eſt dans ces ſentimens que j'ai l'honneur d'être, *&c.*

RÉPLIQUE

De M. . . . . . Médecin du Roi, Correſpondant de la Société royale de médecine de Paris ; à M. T. D. M., du 25 janvier 1786.

Monsieur,

PUISQUE ces mots, *ſachez vouloir*, dit M. M....., *croyez & voulez*, dit l'auteur des mémoires de B........, expriment tout le Magnétiſme, ne devois-je pas laiſſer à part le phyſique de votre Somnambuliſme magnétique, que je ne nie pas abſolument, parce qu'il peut être produit par le moral, par des geſtes monotones auxquels on aura attribué de grandes propriétés, pour ne m'occuper que de ſon métaphyſique? Pourquoi donc m'en faites-vous des reproches?

Vous me reprochez des contradictions & quelques altérations, qui, dites-vous, me devenoient néceſſaires; je ne crois pas, Monſieur, être tombé dans aucun de ces deux cas, & je ne crois pas non plus m'être trompé dans le partage que j'ai fait des différentes espèces de Somnambulisme que j'ai divisées en trois classes.

Vous trouvez mauvais, Monsieur, que je fasse dépendre le vôtre d'un instinct moral, & que je ne l'attribue pas, comme les deux autres, à l'instinct physique & animal; mais mon raisonnement n'est-il pas tiré des principes même de M. Mesmer, & de l'auteur des mémoires de Buzancy ? N'en est-il pas une conséquence nécessaire ? Ne dites-vous pas que le Magnétisme a développé un sixième sens dans l'homme, inconnu jusqu'à cette sublime découverte ? ne dites-vous pas que nous voyons agir dans l'homme ce sixième sens, tantôt comme instinct physique & animal, tantôt comme instinct moral ? & n'est-ce pas à ce dernier que je devois & que vous auriez dû attribuer le Somnambulisme magnétique ? Vous n'avez dit nulle part, dites-vous, que le Somnambulisme magnétique fût produit par une cause morale; mais imbu des principes magnétiques, n'auriez-vous pas dû le dire? *Sachez vouloir, croyez & voulez.*

Vous me renvoyez, Monsieur, à votre note huitième, dans l'intention de me faire voir que le Somnambulisme que vous appelez magnétique, est l'effet de l'art (enchanteur) dans le Magnétisme; que ce Somnambulisme a été produit quelquefois, & peut être produit dans certaines maladies par la seule nature, & de même que vous n'avez jamais séparé ces deux états *identiques*, & que vous attribuez à tous les deux la *même* cause physique, c'est, je crois, ce que vous n'auriez jamais dû faire.

Les transports au cerveau, Monsieur, n'ont jamais été comme vous le dites, des Somnambulismes commencés, ce sont au contraire les Somnambulismes qui sont des transports commencés ; vous avez donc avancé dans votre note un paradoxe, & je ne vois pas que vous puissiez vous servir de l'observation de M. Malouin ni de celles de MM. de Sauvage, V.... & de tant d'autres rapportées par M. Tissot dans son traité des maladies des nerfs, pour étayer votre opinion sur le Magnétisme, & sur les salutaires effets qu'on auroit à en attendre dans ces maladies ; il faut *savoir vouloir*, dit M. Mesmer ; les transports au cerveau ôtent cette liberté. Eh ! Comment dans cet état, *savoir vouloir ?* Vous m'imputez mal-à-propos, Monsieur, l'application du *fiat lux* aux molécules organiques de M. de Buffon que je sais, comme vous, n'être que *l'indigesta moles* animée par le *fiat lux*. Si vous aviez bien lu ma lettre, vous y eussiez vu, que c'est au feu élémentaire ou fluide électrique qui anime *l'indigesta moles*, que j'ai fait cette application.

Vous me reprochez encore que je confonds l'altération d'un fluide avec sa modification, & vous dites qu'il n'auroit pas fallu les confondre, parce qu'un fluide peut être modifié sans être altéré, & vous prenez l'eau pour exemple. Mais vous ne prenez pas garde, Monsieur, qu'un fluide incoercible, aussi subtil, aussi intelligent que vous supposez le magnétique, ne sauroit être comparé à l'eau, fluide grossier, qui pour être sortie d'un tuyau rond, d'un tuyau triangulaire ou d'un tuyau quarré, n'en sera pas altérée, & dans l'hypothèse que la comparaison fût juste, l'eau en sortant d'une machine quarrée, ne fera-t-elle pas aller une machine ronde avec la même aisance que la quarrée? Au sortir d'un tuyau quarré, n'entrera-t-elle pas dans un tuyau rond aussi avec la même aisance qu'elle sortira d'un quarré? Si cela est, pourquoi refuseriez-vous au fluide magnétique intelligent, qui fait deviner les maux les plus cachés, par lequel on voit ce qui se passe dans l'intérieur des animaux, des propriétés reconnues à l'eau? Pourquoi, lorsqu'il sera modifié dans l'animal sans être altéré, ne pourra-t-il plus pénétrer dans les filières du végétal? Mais s'il y peut pénétrer, comme vous ne sauriez lui refuser cette propriété après l'avoir donnée à l'eau, pourquoi ne guérira-t-il pas les maladies des végétaux, comme il guérit celle des animaux? Guérissez donc, Monsieur, les maladies des végétaux par le fluide universel magnétique, comme vous dites avoir guéri des animaux, puisque les uns & les autres sont animés du même principe, & je croirai au Magnétisme animal comme au végétal, & ne craignez pas, ainsi que vous l'avez insinué dans votre réponse, que j'attribue les cures que vous aurez faites à d'autres causes qu'à celles que nous attribuons les nôtres, à l'agrégat des forces vitales dans un individu quelconque que nous appelons nature.

Si, Monsieur, par le moyen de votre fluide, dirigé par des gestes monotones, vous veniez à bout de former dans un végétal cet agrégat, & que cet agrégat pût doñer la santé à ce végétal, pourquoi refuseriez-vous à cette pauvre nature ce que les Médecins ne lui ont jamais contesté?

Croyez donc, Monsieur, que cette nature est ici bas par-tout agissante, sans être connue dans cette manière d'agir qui nous sera toujours cachée, parce que le Créateur de toutes choses se l'est réservée, & que si vous pensiez autrement, je pourrois vous adresser à cette occasion les paroles d'un auteur aussi célèbre que religieux : *Qui secùs sentit periculum faciat ; en Rhodus, en saltus ?*

Rendez, Monsieur, plus de justice aux Médecins qui n'oñt jamais gardé l'exception à côté de la règle, & sur-tout à MM. les Commissaires, qui, dans leur décision, n'ont en vue que le bien de l'humanité, & d'empêcher que le public fût dupe de l'imposture ; à Dieu ne plaise, que par-là je veuille dire que ceux qui, comme vous, n'ont cherché qu'à s'instruire sur le Magnétisme animal, soient des imposteurs ! je n'en ai jamais eu la pensée : je n'entends parler que de ceux qui en font un métier.

Suivant les Magnétiseurs, les Somnambules magnétiques seront dorénavant des sybilles que l'on consultera à sur & à mesure, auroient-ils dû ajouter, que l'on s'éloignera des siècles éclairés ?

L'observation de M. Malouin ne dit rien en faveur du Magnétisme, elle prouve tout au plus qu'il y a des pleuréfies nerveuses où les saignées sont contraires, comm'elles le sont dans toutes les maladies des nerfs. Dans ces pleuréfies dont parle M. Malouin, le transport de la douleur de côté à la tête chez les personnes du sexe, prêtes à avoir leurs règles, après la saignée du bras, ne vous y trompez pas, Monsieur, n'étoit qu'une sorte de repoussement du sang de la matrice dont elle étoit engouée, prêt à être évacué vers cet organe, avec lequel elle a, par le moyen des nerfs, une grande & intime correspondance : repoussement occasionné par une vibration mécanique des nerfs agissans sur ce fluide. A l'action systaltique de la matrice, il étoit arrivé dans celle qui a cédé (dans la tête), ce qui arrive dans le cas du *diabètes*, où l'équilibre, étant rompu par la ſaignée, par rapport à la tête, il ſe formera dans le corps animal; comme un ſiphon dont la partie qui ne fait plus de réſiſtance, eſt l'extrémité.

C'eſt à la déciſion du public éclairé que vous ſoumettez votre ouvrage; avide du merveilleux, il prononcera à ſon ordinaire, le phyſique à part, ſur ce qu'il croira voir.

J'ai l'honneur d'être, *&c.*

RÉPONSE

A la Lettre précédente, en date du 9 février 1786.

Monsieur,

Je l'avois dit, & je le répète encore : ce ſont les chimères que vous vous êtes faites vous-même ſur le Magnétiſme, & non mon opinion que vous combattez.

Sachez vouloir : croyez & voulez : ces mots expriment tout le Magnétiſme. Voilà bien tout ce que j'ai dit : mais Monſieur, avez-vous pu vous méprendre ſur ce que je voulois dire ; avez-vous pu en conclure que je ne reconnoiſſois dans le Magnétiſme, qu'une cauſe morale ?

N'ai-je pas établi un fluide moteur univerſellement répandu dans l'eſpace ? N'ai-je pas dit que tout ce qui a vie, a la faculté de s'approprier une portion ſuffiſante de ce fluide ; n'ai-je pas dit que l'homme ſain a le pouvoir de ſe charger d'une ſurabondance de ce fluide, & que c'eſt au moyen de ce fluide ſurabondant, qu'il peut exercer une action ſur tous les êtres qui ſe rencontrent dans ſa ſphère d'activité ?

N'ai-je pas dit que la volonté dans le Magnétiseur est nécessaire, en ce que d'abord elle donne plus de tension, plus d'énergie aux nerfs qui sont les conducteurs naturels du fluide, & non point uniquement en ce qu'elle est un agent moral ? N'ai-je pas dit à ce sujet aux Magnétiseurs que j'ai appelés spiritualistes, que je ne pouvois concevoir les effets qu'ils attribuent à la seule volonté morale, qu'autant que ces effets sont produits par le fluide émané d'eux, & qui, soit qu'ils le croient ou non, n'en agit pas moins.

De bonne foi, Monsieur, si vous avez lu tout cela, comment pourrez-vous me dire aujourd'hui que ces mots que vous répétez souvent, expriment tout le Magnétisme, dans le sens du moins que vous l'entendiez, & si vous pensiez que ce fût mon opinion, pourquoi donc dans votre première lettre, intitulez-vous mon *Essai*, un ouvrage physico-métaphysique ?

Convenez donc, Monsieur, que voilà de fortes contradictions ; que vous ne voyez jamais que votre opinion & non la mienne ; & que pour vous répondre, il me suffiroit de vous prier de me relire.

Faut-il vous renvoyer encore à mon *Essai*, & sur-tout à la note huitième, pour vous convaincre que je n'ai jamais prétendu séparer le

Somnambulisme magnétique de celui que la nature seule peut donner dans certaines maladies, & que par conséquent je n'ai point dit que ces deux états manifestent dans l'homme un sixème sens, *instinct physique* dans le second, *instinct moral* dans le premier. J'ai dit au contraire, & je le répète donc encore, puisqu'il le faut, que le sixième sens inconnu, ou seulement soupçonné jusqu'à nous, se développe dans ces deux Somnambulismes dont je n'ai fait qu'un seul état; & qu'alors il agit dans l'homme comme instinct physique & comme instinct moral, il est l'instinct animal accru de toutes les facultés morales, & si j'ai dit que ce sixième sens avoit été ignoré ou seulement soupçonné jusqu'à la sublime découverte du Magnétisme, comment n'avez-vous pas apperçu, que vous tombiez, en me le rappelant, dans une contradiction manifeste; puisque l'instant d'après vous admettez ce sixième sens agissant comme instinct physique dans les maladies de M. Malouin, antérieures de plusieurs années à la sublime découverte?

Mais, Monsieur, en adoptant cet instinct physique pour vos malades, parce que, dites-vous, la cause en est physique, comment nous feriez-vous entendre un instinct moral, que vous affectez dans vos deux lettres, d'attribuer à nos Somnambules? Vous dites que chez eux cet instinct moral est développé par une cause morale ; & cette cause morale, quelle est-elle selon vous? L'imagination frappée, l'ennui occasionné par des gestes monotones, comme vous nous endormiriez aux sons ennuyeux d'une musette. Mais seront-ce aussi ces mêmes sens qui donneront les convulsions, &c. &c?

Il me semble, Monsieur, que pour faire une distinction qui vous étoit nécessaire entre les causes des deux états, vous avez établi une thèse qu'il vous seroit bien difficile de prouver.

Me pardonnerez-vous, Monsieur, de vous rappeler le *quiproquo*, assez singulier, que vous avez fait, en attribuant tout à coup le *sachez vouloir* du Magnétisme, à son malade? Comment *savoir vouloir*, dites-vous, quand on a le transport au cerveau? Eh! Monsieur, où en seroient Messieurs les Médecins, s'ils étoient forcés de partager les délires de leurs malades! Revenez donc à votre première idée, qui est aussi la mienne ; c'est le Magnétiseur sain & bien portant, qui doit *savoir vouloir* & non pas son malade.

Je dirois bien pourtant qu'il est une sorte de volonté qui peut convenir à celui-ci ; je n'en ai point parlé dans mon *Essai*, & je n'ai fait que l'indiquer en parlant de la sympathie ; mais elle vient à propos de ce que nous disions, c'est la volonté de confiance.

Ne vous pressez pas de me dire à ce sujet:

voilà *l'imagination*. Les Magnétiseurs demandent une confiance aveugle dans leurs malades; parce qu'ils savent tout ce que peut le moral sur le physique; ils ne font en cela qu'imiter les meilleurs Médecins...... Non, Monsieur, non; ce n'est point dans ce sens que je prends ici la volonté de confiance; je n'en fais point une cause morale; & je me tiens bonnement dans le physique, pour le malade comme pour le Magnétiseur.

Je demanderois donc à mon malade une volonté de confiance; parce que ce sentiment supposeroit de lui à moi une sympathie, un commencement d'analogie dans notre manière de modifier le fluide, & que conséquemment je serois assuré d'avoir sur ce malade, une influence physique plus prompte & plus complète.

De ce que le fluide universel est incoercible, infiniment élastique & subtil, vous n'en conclurez pas, j'espère, qu'il est plus altérable que ne l'est l'eau, fluide plus grossier. Supposons donc, comme vous dites, & même *à fortiori*, que ma comparaison étoit juste. Vous m'objectez que l'eau n'en fera pas moins aller une machine de figure quelconque, quelle que soit la figure du tuyau duquel elle sort; mais vous n'avez pas pris garde qu'ici l'eau agit, ou par le choc ou par son poids, qui ne dépendent nullement de sa modification; que son action est seulement tangente à la machine, au lieu que nous parlons, nous, d'une action intime, pénétrante, d'une circulation intérieure d'un tuyau dans un autre, ce qui est, je crois bien différent.

Je suis vraiment édifié, Monsieur, de voir un Médecin prendre parti pour la nature ; mais en bonne foi, Monsieur, devroit-ce être contre les Magnétiseurs qui ne croient eux-mêmes qu'à la nature ? L'auteur des mémoires de Busancy, ne dit-il pas, que le Magnétiseur ne fait autre chose que *tourner la manivelle*, & que la nature fait le reste ? N'ai-je pas dit dans mon *Essai*, que le Magnétiseur doit borner tous ses soins, à seconder le vœu de la nature, laquelle saura bien elle seule découvrir les obstacles, & les forcer, *&c.*

Je vous l'ai déjà dit, Monsieur, & je vous le répète ; je ne doute pas que l'homme ne puisse guérir les maladies des végétaux, comme il guérit celle des animaux. Le temps nous convaincra de cette vérité. Je désire que ce soit bientôt, puisque c'est à cette époque que vous renvoyez votre confiance au Magnétisme. Je ne serois pas étonné cependant que vous y crussiez avant ; car enfin si les cures se multiplient ; si les Somnambules deviennent aussi communs dans toute la France, qu'ils l'ont été en quelques villes ; si le Public éclairé ne voit plus dans ce que vous appelez le merveilleux, qu'un effet inconcevable, inexprimable, mais pourtant réel, il en faudra bien venir à y croire, ou à se cacher. On ne concevra peut-être jamais l'aimant, & cependant il seroit honteux de nier la boussole.

Vous finissez par une dissertation très-savante sur les pleurésies de M. Malouin ; ce point n'est ni de mon ressort, ni de mon sujet ; mais je n'en suis pas moins charmé que vous me l'ayez fait connoître. J'aurois bien désiré, Monsieur, que vous m'eussiez indiqué de même le mécanisme des annonces que faisoit Madame la Comtesse L..... dans ses soi-disans délires annoncés, qui s'effectuoient toujours à la lettre, & que M. le Docteur V..... n'a pu concevoir que lorsque, lisant mon *Essai*, & frappé de la ressemblance, il a vu que le Somnambulisme magnétique fournissoit à chaque instant le même phénomène, & qu'il a jugé comme moi, que ce même Somnambulisme pouvoit quelquefois, & dans certaines maladies, être produit par la nature seule. Vous connoissez cette anecdote, je vous l'ai communiquée, & je doute qu'il en soit question dans l'ouvrage de M. Tissot sur les maladies nerveuses.

J'ai l'honneur d'être, *&c.*

NOTE DE L'AUTEUR.

L'ANECDOTE que je rappelois à la fin de la réponse précédente, venoit alors de m'être communiquée par M. le Comte de B.... dans sa lettre du 13 janvier 1786, dont voici l'extrait :

» Je vais vous rapporter un fait confirmatif de ce que » vous dites dans votre note huitième où vous citez » l'observation de M. Malouin.

» M. le Docteur V...., Médecin de beaucoup d'esprit, » de bonne foi & d'un mérite reconnu, étant venu voir » Madame la Duchesse de ..., elle lui donna votre *Essai* ; » il le lut avec beaucoup d'attention, & en fut très-satisfait, » quoique n'osant pas avouer qu'il fût pleinement convaincu ; » mais ce qui le frappa le plus, fut qu'il ne put se refuser à » voir qu'il avoit eu, il y a deux ans, & pendant quelque » temps, dans les mains une Somnambule naturelle, sans » s'en douter & sans Magnétisme : c'étoit Mademoiselle de » L...., aujourd'hui Madame la Comtesse L.... Cette » Demoiselle eut pendant long-temps des attaques de » nerfs terribles, pendant lesquelles elle tomboit dans des » convulsions affreuses, & dans une espece de délire ; » mais ce qu'il y avoit d'extrêmement singulier dans ces » attaques, c'est qu'on y voyoit tous les phénomènes que » présente aujourd'hui le Somnambulisme. Elle se plaignoit » quelquefois d'un bruit affreux de caisses ou tambours, » qu'elle demandoit qu'on fît éloigner, & cependant » personne ne les entendoit, & il se passoit un bon demi- » quart d'heure avant qu'ils arrivassent à portée de se faire » entendre.

» D'autres

» D'autres fois, comme on vouloit lui donner une
» potion, *ne me la donnez pas encore*, disoit-elle, *dans*
» *une demi-heure vous me la donnerez, & elle me fera du*
» *bien*, mais ce qu'il y avoit de plus singulier, c'est
» que plusieurs fois elle avoit pressenti ses attaques,
» indiqué l'heure à laquelle elles arriveroient, & le
» nombre de minutes qu'elles devoient durer ; & cela, sans
» jamais se tromper. M. V.... étoit son Médecin, &
» comme il venoit souvent chez Madame la Duchesse
» de .., je me souviens parfaitement de lui avoir plusieurs
» fois entendu raconter ces faits comme des phénomènes
» très-curieux. Je les avois entièrement oubliés ; mais la
» lecture de votre *Essai* les lui ayant rappelé, il en est
» convenu, & cela n'a pas peu contribué à lui donner
» de la confiance pour le Magnétisme.........»

FIN.

www.ingramcontent.com/pod-product-compliance
Ingram Content Group UK Ltd.
Pitfield, Milton Keynes, MK11 3LW, UK
UKHW020952180726
13838UKWH00003B/1288